JN410462

오래된 신발

황원교 시집

문학의전당 시인선
155

오래된 신발

황원교 시집

문학의전당

시인의 말

세 번째 시집이지만 여전히 재주가 부족하여 부끄럽긴 매한가지다. 하여 시인의 허울을 쓰고 사는 것에 날마다 통렬히 반성하고 속죄한다.

그러나 내친 발걸음을 여기서 멈출 수는 없다.

무엇보다도 지난 24년간 이 못난 아들을 위해 오줌똥 누이고 밑 닦아주시느라 핍진하여 삭정이처럼 변해버리신 팔순의 아버지와 결혼생활 12년 동안, 몹쓸 유방암에 이어 난소암과 싸우면서도 나를 지아비라고 손수 떠먹여주고 씻기고 입혀주는 아내 유승선, 이제껏 물심양면으로, 기도로써 지켜주시는 모든 분들께 큰절을 올린다.

특히 졸저의 품격을 한층 드높여주신 존경하는 소설가 이외수 형과 최준 시인, 변함없이 시의 길을 동행해주는 문형 권혁수, 김명선, 최계선 시인께도 머리 숙여 감사를 전한다.

끝으로 오랜 병마 끝에 1년 여 전 세상을 등진 사랑하는 아우 황원일의 영전에 이 시집을 바친다.

2013년 봄

와유거사(臥遊居士) 황원교

차례

제2부

제3부

제4부

제1부

그린란드로 가자
—H에게

내 사랑,
저 먼 북국(北國) 그린란드로 가자

대륙도 섬도 아닌 경계에서
모진 눈보라와 빙하에 생채기투성이지만
올곧은 마음 하나로 깊숙이
뿌리내린 땅.

그린란드로 가자
너와 나 단 둘이 가서
아들 딸 둘만 낳아 기르고
아무런 시름없이 난롯가에 마주 앉아 찻물을 우려내며
책도 읽고 시를 쓰며
밤이면 아이들과 천창(天窓)으로 별을 세며

사랑의 긴긴 노래를 부르자
그러다가 그것도 지겨워지면
산 너머에 또 다른 움막을 짓고

바다에 나가 대구와 물범도 잡고
귀신고래 향유고래 혹등고래 흰긴수염고래 범고래 흑고래에
희디흰 일각돌고래도 잡아
그 길고 뾰족한 뿔을 갈아 창과 바늘을 만들고
먼 길 떠났던 순록 떼가 돌아오길 기다리자

기다리는 동안
말린 육포를 질겅질겅 씹으며
헤진 가죽 옷과 신발에다 구멍 난 털장갑도 깁고
창밖에 눈이 내리면 아이들과 뛰쳐나가
앞마당엔 우리를 닮은 눈사람도 만들자

그런 뒤엔
제일 뿔이 크고 힘센 순록을 골라 워낭을 달아주고
녀석의 꽁무니엔 썰매를 매단 채
사나운 눈보라에도 꺼지지 않는 램프를 켜들고
달빛 별빛 나침반 삼아

눈길과 빙판 위를 지칠 때까지 달려가 보자
오롯이 사랑만 주고받으면서

그린란드로 가자
새하얀 눈과 얼음장 밑에서도
푸른 이끼와 들꽃들이 새록새록 피어나는
순정한 희망의 나라

오오, 나의 사랑!
그린란드로 가자
내 것 네 것
네 편 내 편도 없는 아득한 설원(雪原),
순백의 평화만이 살고 있는

그리하여 매일 매일이 크리스마스인 것처럼
서로가 사랑밖에 할 게 없는
영혼의 그린란드로 가자

제인플라워 화원

제인플라워 화원은 탐스럽게 불탄다
붉은 장미와 안개꽃이 한데 어우러져
'당신이 내 곁으로 와 나의 연인이 되어주어 정말 기뻐요'
라고 속삭이며 뜨거운 키스를 나눌 때
사람들도 누군가를 그리워하며
제인플라워 화원을 들락거린다
사시사철 아픔 슬픈 사연들로 자우룩이 피는
꽃들은 저마다 진한 향기를 뿜다가
어느 날 자취도 없이 사라져버리고
무성한 풍문만이 남아도는 제인플라워 화원.
그래, 누구나 그렇게 피었다 덧없이 가는 거라고
사랑 또한 눈물 속에 피고 지는 불가해의 꽃이라고
절절이 가슴을 치면서도
영원히 허공중을 날아다니면서
지상으로는 끝끝내 두 발을 내려놓지 않는
샤갈의 그림 속 연인들처럼
육탈(肉脫)한 듯

꽃집 앞을 두둥실 떠서 오가는 봄날.
홀연히 사랑 하나 떠나보내고
망각의 강을 건너가면
또 다른 설렘으로 가득히
연중무휴
새파란 불꽃이 타오르는
사랑의 제인플라워 화원.

오래된 신발

1

날이면 날마다
거리로 들로 강아지처럼 뛰쳐나가
드럽게 흙을 묻히고
재수 없게 똥도 밟아보고
비 오는 날엔 물웅덩이에도 풍덩 빠져보고
빙판에선 꽈당 미끄러져도 보고 싶은
오래된 신발 한 켤레.
24년째
흙 한 톨 묻혀보지 못한 채
색깔은 바랬어도 길이 잘 들고
거죽과 밑창이 말짱한 갈색 편상화를 신고
오늘도 휠체어를 타고 길을 나선다
발에 신겨 있다고 다 신발인가
제 발로 길을 걸어가야
제대로 된 신발 노릇을 하는 게지
죽기 전에 한번쯤은
뒤축으로 땅바닥을 질질 끌거나 못도 쾅쾅 박으며

지치도록 걷고 싶은 나의 신발,
마비된 사지(四肢)를 싣고
흰 구름처럼 둥둥
땅 위를 떠다니는 꿈이여!

2

오래전에 죽은
할아버지는 짚신을 버렸고
어머니는 흰 고무신을 버렸고
지난겨울
막내 동생도 현관에 구두 한 켤레 벗어놓고 영영 떠나버렸다
나도 언젠가는 너를 버려야 하리
대문 밖
허공 속으로 길게 난 발자국들이
저렇게 줄지어
나를 기다리고 있으니…

목련나무

어찌하리
큰길가 목련나무 한 그루
우듬지마다 꽃눈이 영글어

갓 초경을 시작한
계집애의 젖꼭지처럼 한껏 부풀어
오롯이 북향하여
타오르는 저 환한 촛불, 촛불들

아아, 정말 모르겠어요
내 안에 차오르는 알 수 없는 희열을,
가지마다 무성해질 이파리들에
얼마만큼의 비바람이 몰아칠는지도 모르고

탐스럽게 벙글은 새하얀 꽃송이들
그리운 얼굴처럼 떠올랐다 지고
푸르른 잎새들 심장마냥 설레다 가뭇없이 떨어져
텅 빈 나목으로 겨우내 운다 할지라도

사랑은 그렇게 소리 없이 와서
영혼의 대낮을 활짝 피우며
눈멀고 귀도 멀게 하는 걸
어찌하리

아마도

그날부터
밤하늘에 떠오르는 달은
우리 사이를 잇는 삼각 꼭짓점이 되었지요, 아마도
궁륭(穹窿)에 걸려 있는 저 둥글고 맑은 색경*을 바라보며
내가 당신을 그리워하고 있듯이
당신 또한 나를 생각하고 있겠지요, 아마도
그런 착시로 들떠
동화 속 콩나무처럼 넌출진 거울 뉴런**을
저 환한 색경에 척, 걸쳐놓는 순간
지상의 각기 다른 두 점이었던 당신과 나는
마침내 이등변삼각형의 밑변처럼 이어지고
이런 것을 인연이라고 믿지요, 아마도
우리 사이에 놓인 지상의 거리란
단지 마음의 강물이 흘러가는 길일 뿐
그 위에서 내려다보면
그저 한 점에 불과할 테지요, 아마도
그리움이란 말조차 티끌만도 못한 것일지라도

이렇게 사랑을 인고할 수 있는 건
그대가 거기에
내가 여기에 살고 있음을 알기 때문이지요, 아마도
오늘밤도 동천(冬天)의 달 속에 머무는
그대여
지금의 이런 나를
당신 또한 바라보고 있겠지요, 아마도

---

* 거울의 강원도 방언.
** 다른 사람의 몸짓을 보거나 말을 듣는 것만으로도 마치 자신이 직접 행동하거나 겪는 것과 같은 느낌을 받게 하는 뇌신경세포.

체리나무 아래서

체리, 나지막이 귀엣말로 부르면
파르르 몸을 떠는 너.
체리, 다시 목소리를 높여 부르면
이젠 더 이상 숨길 수 없다는 듯이
초록 셀로판지 같은 이파리들 사이로
발그레하게 상기된 얼굴을 내민다
불어오는 미풍 한 줄기에도
온몸이 뜨거워진 소녀처럼
그대여, 가만히 귀 열고 들어보라
걸어온 길에 무수히 찍혀 있는
발자국의 메아리,
어둠을 깨트린 햇살의 눈부신 종소리를
굳이 사랑이라 말하지 않아도 좋은
미지의 전율에 끌려
한없는 외경(畏敬)에 떨고 있는
내 사랑의 체리나무 아래서
지금 이 순간이
끝내 피할 수 없는 종말의 시간일지라도

체리, 널 부르는 순간부터
눈멀고 귀먹은 나는
끝없는 기다림을 배우고 있는 중이다

조춘엽신(早春葉信)

오는 봄을 시샘이라도 하는 듯이
새벽부터 세설(細雪)이 날립니다

제주도 노란 유채꽃 흐드러지고
홍매 청매 꽃잎들 어지러이 흩날린다 하니

남도 바닷가 피 붉은 동백꽃도
더운 가슴팍 냅다 풀어헤치고

새빨간 명자꽃도 배시시 눈웃음치며
저만치에서 날 오라 손짓하는데

당신 계신 하늘가로 하염없이 길어지는
이 모가지를 어찌해야 좋을까요

봄비

꽃이 피면 핀다고
좋아라, 깔깔거리며

꽃이 지면 진다고
슬프다, 눈물지으며

피면 피는 대로
지면 지는 대로

울고 웃는 사람 하나 있어
나는 그냥 좋더라

그런 사랑 하나 내 가슴에 살고 있어
아직은 살 만한 세상이더라

당신이란 말

당신, 이란 말
참 다정하고
좋은 이름

부르면 부를수록
입안에 침이 고이고
혀에 착착 감기는 그 말

미처 불러보기도 전에
생각을 휘돌아
베갯머리 넘어 흐르는 강물이여

이제는 가까워진 듯하여
손 뻗어 잡을라치면
어느새 저만치

아, 내 그리움의 시작과 끝이 되어버린 채

꿈속에서도 가닿을 수 없는
멀고 아득한 우주여,
사랑이여

광인일기(狂人日記)
— 플라타너스

홀연히 사랑을 떠나보낸 뒤
플라타너스를 끌어안고 그 여자를 생각한 적이 있다
아니 언제나 한자릴 지키는
나무의 정절과 지조를 탐했다
플라타너스는 나를 위로해주지는 못했지만
여자처럼 겉볼안이 통하지 않는다는
명증한 사실만은 가르쳐주었다
한 그루의 나무처럼
한 여자가 일생을 마칠 때까지
나무는 베어지면 나이테를 알 수 있지만
여자는 마지막 순간까지도 미지의 신비로 남아
도무지 그 속을 알 수 없다는 것에 한없이 쓸쓸해져
한겨울의 거리에서는 나목(裸木)이 되고
하염없이 불 꺼진 창을 바라보며
어느 명화 속의 나부(裸婦)를 생각했다
그렇게 광인(狂人)처럼
거리에서 플라타너스를 끌어안고
점점 뜨거워지는 내 피의 신음소리를 들으며

살아 있는 한
그래도 사랑을 멈출 수는 없다고
골백번도 더 다짐을 했다
그런 열망으로 가득 차올라
오늘은 문득
사나운 폭풍우처럼
세상의 무성한 나무와 여자들을 다시
세차게 흔들어보고 싶다

신록을 탐하여

신록을 탐하여
모든 허위의 옷가지 훌훌 벗어던진 채
오로지 알몸으로
저 눈부시고 으슥한 숲속으로 숨어들어가
너와 어우러져 저물도록 살을 섞고
천지에 꽃잎 다 지고
무성한 이파리 죄다 떨어져
허무의 삭풍이 불어올 때까지
어울렁 더울렁
한 몸으로 살고 싶어라
온몸에 꽃물 풀물 가득히 배어
지레 산짐승이 되거나
아니, 죽을 때까지
오월의 하루처럼 살고 싶다

호박(琥珀)* 속의 사랑

4천만 년 전의 어느 날, 진드기 한 쌍이 짝짓기에 흠뻑 빠져 있을 때, 느닷없이 그 위로 걸쭉한 수지(樹脂) 한 방울이 똑 떨어져 낮 뜨거운 현장을 덮쳤다.

무릇 시공을 초월한 사랑은 흥미진진하다 못해 경이롭다. 뜨거운 스톱 모션으로, 사랑은 우주의 알파요 오메가라고 시위하듯이 황홀경으로 존재하는, 한갓 미물들을 오래도록 바라보다가 문득 깨달은 것은

어쩌면 미물보다 못한 내 사랑의 가벼움! 남은 날만이라도 찐득찐득한 사랑을 하다가 화석이 되고 싶다. 아니 보석으로 남는 사랑을 하고 싶은 것이다.

---

* 미국의 동물학자 파벨 클리모프 등이 '리니언 소사이어티 생물학 저널'에 실은 사진.

봉숭아 꽃씨를 받다

8월 그믐날 오후
담장 밑 봉숭아 꽃씨를 털어
편지봉투 속에 담다보면

그 옛날
손톱의 붉은 꽃물자국 가뭇없이 지워지듯
쓰리고 아린 첫사랑의 창가에도
시간의, 기억의 잎들이 하나 둘씩 진다

태초의 우주가 한 점으로부터 시작되어
가없는 하늘에 무수한 별꽃을 피워놓은 것처럼
봉숭아 작은 꽃씨들이 피워낼 아름다운 계절을 꿈꾸며
씨알 한 톨 한 톨마다에 따스한 입김을 묻혀
서랍 깊숙이 꽃씨봉투를 넣어둔다

오늘밤엔 달도 없는 길을 지나온 별들이
우윳빛 은하수에 모여 상처들을 씻으며
저마다의 수다로 소란스러울 때

남몰래 내 품으로 들어온 부싯돌 같은 별 하나
타닥타닥 온몸으로 부딪치며 말한다

세월의 담장 밑에 피어나는 봉숭아꽃이
왜 붉고 서러운지를
사랑은 영영 마르지 않는 강물처럼
영혼을 휘감아 도는 것인지를

새봄이 오면
햇볕 다사롭고 그늘 없는 옥토 위에
첫사랑의 설렘처럼
너를 다시 뿌리리라

약속을 고이 접어 넣은 편지봉투 속에서
답신처럼 나지막이 들려오는 씨알들의 노랫소리,
목쉰 별들의 세레나데여!

상사화(相思花)

— 선운사 부도 밭에서 슬픈 전설을 듣다

아프면 아프다고
그리우면 그립다고 말하자
지금 눈앞에 보이지 않고
설사 기약 없는 약속이라 할지라도
윤회와 환생을 굳게 믿으며
선운사 꽃무릇은 붉게 핀다
일주문에서 전나무 숲 부도(浮圖) 밭을 지나
도솔천 건너 차밭을 돌아 도솔암까지
영산회(靈山會)에 모인 듯
차고 넘쳐나는 저 보리(菩提)들
미끈하고 푸른 대궁들의 꼭대기마다
밤하늘 궁륭에 불꽃을 터트리듯
붉디붉은 울음을 토하고 또 토하며
천 갈래 만 갈래 찢어진 심장,
그 애틋한 전설일랑 미처 다 헤아리지 못해도
그리우면 그리운 대로
아프면 아픈 대로
주어진 길을 담담히 순명하자

서로 맺을 수 없는 건 하늘의 뜻,

인연은 거기까지란 걸

4월의 편지

사랑아
여기 무심천에 벚꽃 한창이다
이 눈물 다 지기 전에
꼭
다시 올 거지?

무심천 벚꽃

봄마다 양편 제방 길 따라
비행운(飛行雲)처럼 두 줄로 길게
무장무장 피어나는
무심천 벚꽃
그 나무들 아래 서면
누구라도 사랑할 수 있으리
마주치는 얼굴마다
마음결마다
뭉게뭉게 피어나는 꽃구름, 나비구름을 타고
줄지어 떼 지어 하르르
허공으로 날아오르는 사람들
그 순간에도
희고 향기로운 꽃잎들
바람결에 덧없이 지는 걸 무심히 바라보며
말을 잃고
시간을 잊어버린 시계탑 건너
하나둘씩 자취도 없이
떠나가는 생(生)이여

뒷모습

눈에 익은 당신의 앞모습이
당신의 전부이며 진실이라 믿고 살았습니다
그러나 오늘
총총히 떠나가는 당신의 뒷모습을 오래도록 바라보다가
문득, 읽혀지는 슬픔 한 자락,
진실은 보이지 않는 뒤편에
오롯이 자리하고 있음을 비로소 알았습니다
앞에선 누구보다도 강한 척 절대로 보여주지 않던
당신이 지닌 외로움의 심연(深淵)이
오색 타르초*처럼 나부끼는 저녁,
바람의 경전을 읽듯 당신을 찬찬히 읽다보면
저만치서
새로운 풍경으로 걸어오는 당신!

---

* 티베트인들이 불경을 적어 넣은 작은 깃발.

제2부

빈칸으로 남는다는 것

1

가깝던 지인의 문상을 다녀온 뒤
수첩에서 망자의 이름과 전화번호를
지 · 웠 · 다

휑하니 남은 한 줄의 빈칸

사무용 페인트로 하얗게 뭉개진 그곳은
어느새 눈 덮인 무덤,
그 길을 따라 조심스레 걸어가는 동안
허공에선 오색 만장이 펄럭이고

텅 빈 길에 하염없이 눈보라치는 말
—우리 곧 다시 만날 텐데…
망자가 소리 없이 다가와선
어깨를 토닥여준다

2

지우는 괴로움도
지워지는 서러움도 한순간

애틋하던 인연도 삭제 버튼 하나로 절연되는 시대에
수첩 속 빈칸으로 남는 게 어디냐고,
그것 또한 명백한 인연의 흔적이라고 강변하듯
하얗게 남은 빈칸들

그 속에서
차마 잊히지 않는 이름과 얼굴들이 반짝반짝
밤하늘의 별처럼 떠오르고
문득, 어디선가 시냇물처럼 들려오는 전화벨소리

처마 밑 굴뚝새처럼 떨고 있는 나를
콕 집어, 호출한다
곧 해빙의 아침을 열어주겠다고

아아, 지운다는 것과 빈칸으로 남는다는 것!

어느 날
누군가의 수첩에서, 기억 속에서
그들처럼 하얗게 지워지고 나면
다시 숨통 트인 빈칸들이 또 다른 인연의 길을 내며
이 푸른 별을 칭칭 휘감고 있으리

창가에 날아드는 수천수만의 설편(雪片)들이
영영 잊히지 않는 이름들처럼
하얗게 성에꽃으로 피어난다

골다공증과 대나무

골절된 지 두 달 넘도록 붙지 않는
오른발의 엑스레이 사진을 보면서
전문의는 골다공증 때문이라고 했다

그럼, 내 골(骨)이 비었다는 말?

먹을수록 허기만 더해가는 나이를 짊어지고
몸뚱이를 함부로 굴린 죄를 떠올리며
쓸쓸히 떠내려가는 사이

갑자기 두개골 속이 거대한 풍혈(風穴)로 변하고
206개 뼈마디 전체가 텅 빈 새처럼 가벼이
건너편 언덕 위
대숲으로 사뿐히 날아가 앉는다

속을 텅텅 비우고도
하늘로 곧게 뻗어 오른 청죽(青竹)들
비바람 몰아칠 때마다 서걱서걱 제 살과 뼈 부비며

밤새 뒤척이더니

내 뼈아픈 시간의 상처들
한 마디씩 매듭도 짓기 전에
땅속 하얀 죽순들
뾰족이 새눈을 틔우는 밤

제아무리 시간이 지나가도
치유되지 않는 상처도 있다는 듯이
오른발이 우우 짖어댄다
푸른 밤의 잠 속에서

참다운 시력

갈수록 시력이 떨어지는 바람에
안경을 새로 바꿨더니
일순간에 어스름이 걷히고
꽃들이 제 빛깔을 내며 내게로 걸어온다

이상하다, 점점 심각해지는 노안인데
안경 하나로
어둠 속의 것들이 되레 또렷이 보이기 시작하다니
이제야 개안(開眼)이 되는 것일까

창밖은 이미 캄캄한데
갑자기 먼지 낀 책상 위가 환해지며
꼭꼭 닫혀 있던 책들의 문이 열리고
경전 속 활자들이 횃불처럼 빛나는 시간,
나이 든다는 게 허무한 일만은 아닌가 보다

언뜻 한 점의 먼지가 된 내가 보이고
별들이 서로에 대한 그리움으로 반짝이는 밤,

캄캄한 허공을 뚫고나온 흰 팔 하나
지나가는 구름을 부지런히 걷어내고 있다

염부(鹽夫)의 노래

태양과 바람의 궁전에 갇혀버린
삶은
갈수록 어둡고 긴 그림자를 남길 뿐

타는 불볕에 몸뚱어리가 익어
서걱 서걱거리는 소금의 비명소리에 놀란
염부는 소금더미에 삽을 꽂고
잠시 고달픈 생을 내려다본다

수직으로 내리꽂히는 일광(日光)의 폭포 밑에서
한 마리의 자반고등어처럼 찌들어가지만
쉬이 족쇄를 풀어주지 않는 염전(鹽田).

무덤에 대리석 한 장 쌓을 때마다
장인의 목숨 하나씩 맞바꾼 샤자한*처럼
아아, 얼마나 많은 땀과 눈물을 졸여야
내 가난한 사랑의 노래는
저 너른 바다 위에 반듯한 집 한 채 지을 수 있을까

연신 목을 조르는 한낮의 태양이
타지마할의 벽돌을 찍어내듯
푸른 해원(海園)에서 떼어내는 흰 살점, 살점들

염부는 다시 허리 굽혀
쉼 없이 달려드는 파도의 예각(銳角)에
무디어진 삽날을 벼리고 있다

---

* 인도 무굴제국의 제5대 황제로서 왕비 뭄타즈 마할의 묘를 지음.

두루마리화장지

몇 해째
추석 때마다 배달되는
새하얀 두루마리화장지 한 팩.
남편이 화장지 공장을 운영하는 덕에 보낸다는
서울의 S선생에게 고맙다고 전화를 넣으면
별거 아니라고 오히려 쑥스러워한다
가을을 지나 겨울 내내
그녀의 따뜻함이 한 롤 한 롤씩 술술 풀려나오는 동안
번다한 일상에 휘둘리며
시나브로 그녀를 잊어갈 즈음 용케도 알아차리고
두루 엉킴 없이 전해져오는 따뜻한 사랑.
아내는 밥 먹을 때마다 그걸 손에 둘둘 말아내
반찬국물이 묻은 내 입을 닦아주고
밥이 똥으로 나올 때마다 항문도 깨끗이 닦아줌으로써
내 비루한 삶의 시작과 끝을 갈무리해준다
두루마리는
무릇 내 탐욕의 입구와 속죄의 출구를 관장하며
거룩하고 포근한 성자(聖者)의 손길처럼

바로 곁에 머물고 있으나
나는 아내처럼 살가운 손길로 부드럽게
그 누구의 콧물 한번 닦아준 적 없었고
제 것 끝까지 다 풀어 죽도록 사랑한 적도 없었으니…
기실 한 롤의 두루마리보다도 못한
내 부끄러운 삶,
양변기의 소용돌이 속으로
가뭇없이 사라져갈
똥 덩어리여!

검은 거울
— 자화상

저기
상처 입은 누 한 마리
풀숲에 웅크려 이를 옥문 채
차오르는 울음을 꾸역꾸역 삼키고 있다

뜨지 않는 달을 기다리며
통곡조차 할 수 없는
칠흑 같은 밤

한 줄기 별빛마저 사라지기 전에
절망을 툭툭 털고 일어나
푸른 대초원을 향해
마라 강*을 건너야 한다,
건너가야만 한다

사뭇 쫓기고 물어뜯길 걸 알지만
지금껏 그래왔듯이
끊임없이 길을 이으며

또 걸어가야 하리

그런 누 떼들 속으로
다리 하나 잘린 달이 절룩이며
걸어오고 있다

---

* 아프리카 케냐의 마사이마라 대초원을 가로질러 흐르는 강.

원고지 앞에서

소혹성 327호*에 산다는 술꾼처럼
잊기 위해서 술을 마신 날이 있었다

잊어야 할 게 많아서가 아니라
잊히는 게 두려워서 괴로웠던 날들이여

술을 마시고 처음엔 양처럼 온순하다가 별안간 사자로 변해 으르렁거리고, 미친 원숭이처럼 노래하고 춤을 추다가 결국 돼지처럼 토하며 진흙탕에 뒹군 적이 한두 번이 아니었다. 나중엔 잊으려 한 게 무엇인지도 잊은 채 마시고 또 마시다 거리의 개가 되었던……

어느 날
내 영혼에 농축된 잊음과 잊어버림,
상존하는 번뇌와 결핍감의 질량이
한갓 벌새의 날개보다도 가벼운 것임을 깨달은 순간부터

청맹과니에 말더듬이가 된 채

가슴속 박혀 있는 가시들을 하나하나 뽑아내며
저 먼 별들의 속삭임을 훔치고 있다

---

* 생텍쥐페리의 『어린왕자』에서 술꾼이 살고 있는 별.

포쇄(曝曬)

길었던 장마 탓일까
서가에서 퀴퀴한 곰팡내가 난다
젊은 날 한때
꼼꼼히 밑줄 그어가며 애독하던 책, 책들에서

여름내 볕 한 줌 들지 않은
드넓고 깊고 푸르던 지혜의 바다에 발길 끊기니
그립고 기다림에 지쳐
검은 곰팡이들이 꽃을 피우고
좀벌레도 들어와 살게 했나 보다

당장 눈에 띄는 몇 권을 끄집어내
맑은 햇볕과 바람을 쏘여주니
속속들이 누렇게 마른 들판의 갈피마다
숨어 있던 새떼가 자욱이 날아오른다

오늘 같이 화창한 날
포쇄하고픈 게 어디 헌책뿐이랴

할 수만 있다면
마음자락까지도 대나무 너른 발에 활짝 펼쳐
말리고 싶다, 어둡고 습하고 곰팡이 핀
나의 내부에 빛과 바람의 향연을 열어주고

말갛게 얼굴 씻고 보송보송해진 책들과
초원의 한가운데 경건히 정좌(正坐)한 채
떠나간 영혼들의 생생한 목소리를 다시 듣고 싶다

검은 활자들이 모여 사는 어둡고 눅눅한 방에서
쓸쓸히 추억의 페이지를 넘기며
꿋꿋한 자세로 나의 방문을 손꼽아 기다려준
그들의 푸른 하늘을 활짝 열고

조나단 리빙스턴*처럼 하늘 높이
비상하고 싶은 가을날

---

* 리차드 바크의 『갈매기의 꿈』에 등장하는 주인공 갈매기.

아야진(我也津)에 가서

1

산 청청
물 청청
바람도 청청

아야진에 가서
벼랑길 끝에
수평선이 열려 있음을 보았네

아니
수평선 너머에
또 다른 벼랑이 있음을 알았네

2

세파의 검은 멍 씻고자
기슭에 서면
푸르디푸른 혀로
살갑게 핥아주는 아야진 바다

등 뒤의 거친 벌판에서
무수한 이빨과 발톱에 물어뜯기고 찢기면서도
살아남기 위해서 비굴했던 날들을 하나둘 떠올리며
나 홀로 추회(追悔)의 술잔을 비운다

사뭇 파랑(波浪)에 깨지고 깎이며 선혈이 낭자해도
어느덧 밋밋해져 윤이 나는 수평선 끄트머리,
까마득한 낭떠러지 위에 서 있는 그대여

삶엔 휴가란 없고
끝끝내 쉼 없이 가야만 하는 길.

피안(彼岸)은
죽음 너머에서 오롯이 기다리고 있을 뿐이다

나목(裸木) 1

비록
알몸으로 서 있지만
혹한에도 의연할 수 있는 까닭은
자신만의 빛깔과 향기를 기억하는 새들이
새봄이면
떨켜마다 환히 켜놓은 등불을 보고
다시 돌아와
새 둥지를 트리라는
푸른 희망으로 출렁이기에
사나운 눈보라조차
깃털처럼 껴안을 수 있는 것이다

나목(裸木) 2

찬찬히 둘러보니
맨 몸뚱어리가 자신의 전부인 사람이
나뿐만이 아니구나

귀뚜라미와 나

깊고 깊은 어둠 속에서
귀뚜라미가 운다
쓰르륵 쓰르륵 쓰르륵……

얼마나 더 베어내야
저 캄캄한 숲속에는 허허로이
햇빛과 바람이 드나들 수 있을까

여태 번듯한 금강송 한 그루 없는
나의 숲은
빽빽이 우거진 잡목들과 가시덤불뿐

쓰르륵 쓰르륵 쓰르륵……
꼬박 날을 새워가며
귀뚜라미와 내가 운다

일평생 봉쇄수도원의 문밖을 나오지 않은
백발의 수도자들처럼

이 밤도 울울창창한 어둠을 톱질하며

검고 깊은 고독의 숲마다
불온한 방화를 일삼는
계절의 은자(隱者)여

군데군데 이가 빠진 톱날들이
도벌꾼의 가늘고 긴 다리 밑에서
사금파리처럼 반짝, 반짝이고 있다

사철 푸른 숲 그늘에
나는 언제쯤 반듯한 정자 한 채 지어놓고
거문고를 탈 수 있을까

회귀(回歸)

저 먼 캄차카반도와 베링 해(海)를 돌아오는
연어들의 수만리 길, 귀향의 설렘으로
바다는 저렇게 쉼 없이 파도쳐 오는가 보다

그들처럼
강을 거슬러 모천(母川)으로 되돌아 갈 수 있다면
나도 한번쯤은 생의 근원으로 회귀하고 싶다

몇 해 전 해빙의 아침,
맨 처음 맡은 물과 흙냄새를 기억하며
지느러미들은 맑고 차가운 물의 자궁,
시원(始原)을 향해
거침없이 주저 없이 물을 차고 오른다

오롯한 역류의 열망으로 눈알마다 불을 켜달고
돌아가 끝내 죽음을 맞이할 줄 알면서도
진리는 변하지 않음을 믿으며
시간은 남루한 삶의 한가운데를 총알처럼 관통하며

영원한 건 아무것도 없음을 증언하듯
비탈마다 오색으로 타오르는 단풍들

욕망은 긴 그림자를 남기고
상처들이 깊은 음각으로 새겨지는 천 길 벼랑마다
바람의 나무인 듯 나무의 바람인 듯
산산이 부서진 수천수만의 꿈의 파편들이 나부낀다

아아, 저 연어들처럼
한번쯤은 태중의 아이로 돌아가
다시 태어날 수만 있다면…

저녁노을을 닮은
울음이 붉게 타오르는
양양 남대천.

꽃샘추위

두툼한 옷을 황급히 꺼내 입었지만
몸속 가시들이 삐죽삐죽 삐져나오는 바람에
한 그루의 엄나무처럼 서 있다

건너다보면
뜻밖의 시련 앞에서도 목련나무의 우듬지들은
굳은 침묵 속에 촛불을 환히 켜들고
개화라는 존재의 이유를 생각하는 듯

광막한 우주 속에서
억겁을 기다려 태어나는 저 별들처럼
모든 것은 절정의 순간을 향해
인고의 시간을 보내고 있는 중이다

불현듯
이렇게 몸이 아픈 것도
꽃피우는 것도
결국 견디는 일임을 깨닫게 하려고

계절은 앞에서만 오지 않는 거라고
느닷없이 달려와
뺨을 후려치고 가는 4월의 칼바람

매미에게

나도
누군가 못 견디게 그리워서 운 적이 있다

아니
사는 게 힘겨워서 운 날이 부지기수다

부끄럽지만
아직도 목 놓아 울고 싶을 때가 있다

임종의 자세

별은
마지막 순간에
자신에게 남아 있는 모든 걸 한꺼번에 폭발시킴으로써
종말을 가장 아름답게 빛내며
광막한 우주 속으로 가뭇없이 사라져간다

먼 훗날
새별로 태어나리란 걸 알기 때문에
결코 슬퍼하지도 않는다

별이 항상 웃을 수 있는 이유다

보디랭귀지
— 불편한 진실

6월의 마당 한 귀퉁이에서
부지런히 푸른 물감을 품어 올리는 수국 꽃송이들
허화(虛花)들이 진화(眞花)보다 예쁘게 피어나는
아이러니 앞에서 호흡을 잠시 멈춘다
작고 볼품이 없는 진짜 꽃으로는 벌 나비를 유혹할 수 없기에
번식이란 숭고한 사명과 환희를 위해서
위선이지만 온몸으로 피워 올리는
저 아름다운 허화들의 향연!
그대여, 화장을 하는 여인의 설렘을 아는가
오롯이 사랑받기 위해서
찬란히 피어나고픈 꽃의 이유를.
햇살이 불변의 진리처럼 쏟아져 내리는 한낮
진화(進化)를 위한 모든 존재의 몸부림은 아름다운 까닭에
수국은
눈부신 태양을 향해 당당히 얼굴을 쳐들고
남국의 마오리족 전사처럼 서 있다
푸른 혀를 길게 빼물고

제3부

잠깐 조는 사이

창가 화분에 탐스럽게 핀 복주머니꽃
샛노란 꽃송이들과 눈 맞추다가
따스한 봄볕에 깜빡 졸았다
내 생의 전체 시간인 듯
문득, 얼굴을 스치는 미풍 한 줄기에 화들짝
놀라서 문밖을 내다보니
옆집 담장을 넘어온 연보랏빛
주먹만 한 수국이 소행성처럼 내 곁을 맴돌며
새 우주를 열고 있다
한순간이 억겁이다

빙폭(氷瀑)

1

이제
더 이상의 추락은 없다

천길
하얀 사다리

희망의 층계만 남아 있을 뿐

2

맨 밑바닥까지
떨어져보지 않은 자,
아픔을 말하지 말라!

엄동설한의 암벽에도
봄이 오면
노란 생강나무 꽃은 피어나리

간간이 물어뜯긴 살점 같은
낙빙(落氷) 조각들 발등에 박힐 때마다
짐승처럼 컹컹 울고 있는 구곡폭포*여

지나간 시간은 영영 돌아오지 않고
흘러간 물은 결코 뒤돌아보지 않는다

일말의 미련도 없이 낙하를 즐기던
너의 무량한 미소와 비명소리
깊은 음각으로 새겨진 자리마다
다시 꽃씨를 심는다

---

* 강원도 춘천시 남산면 강촌리에 소재.

내소사

갯내가 코를 찌르는 곰소 염전 지나
능가산 골짜기 들어서면
산문부터 울울창창 쭉쭉 뻗어 오른 전나무길
타박타박 걷다보면
나중에 저승 갈 때도 이런 길 걸어가고 싶다
미끈한 육신의 전나무들에 눈 맞추며
그들의 싱그러운 체취에 흠뻑 취할 때
어디선가 나타난 개똥지빠귀 한 마리
앞서거니 뒤서거니 수다스럽고
꿈속에서도 본 적 없는 수미산을 찾아서
청맹과니들이 대웅전까지 길게 줄을 서는
4월 초파일 무렵
빼곡히 걸린 연등은 바람결에도 무념무상 흔들리고
아기별단풍잎들 셀로판지처럼 해살거리는데
그 옛날 곱고 환한 단청은 간 곳 없이
대웅전의 허옇게 색 바랜 꽃살문에선 나뭇결 따라
무채색의 매화 국화 모란 당초들이 속속들이 피어나고
마음마다엔 진한 꽃물이 배어나는 처마 밑

합장한 손끝마다 눈부신 연꽃 송이송이 환하다
석가여래는 좌우로 협시보살에 오백나한까지 거느리고
방금 관음봉으로 한달음에 오르셨는지
법당 안엔 법어의 향불 연기만 자욱한데
이제 또 어디로 가야 하나
길을 찾아 헤매다 여기까지 흘러왔지만
마주하는 건 제행무상(諸行無常)의 텅 빈 공허뿐
여기의 길들은 모두 다 천상으로 다리를 놓았으니
온전히 몸과 맘을 비우기 전에야
수미산 입구 풀 한 포기 만져보는 일도
그저 머나먼 꿈일 수밖에

황태덕장에서

눈과 바람이 잦고 매서운 골짜기
저 먼 시베리아, 타이가 숲을 빠져나온 호랑이 한 마리
두 눈에 파란 불 달고 금세 달려들 것만 같아
희디흰 뼈대의 자작나무들이 첼로처럼
구슬프게 무반주협주곡을 켜는 풍대리*.
겨울이면 명태가 지천이었다는 원산 바닷가
이제는 추억으로만 남았고
구랍(舊臘)에 블라디보스토크 항구를 떠나
부산항과 속초를 거쳐 마침내 도착한
이역만리 낯선 땅,
별들도 아랫목을 기웃거리는 동지 무렵
덕장마다 빼곡히 코가 꿰어 걸려 있는 미라들,
누렇게 뜬 얼굴의 황태들이
살을 에는 삭풍에 입을 쩍쩍 벌린 채
고향 캄차카반도와 오호츠크 해의 물속은 차라리 따스했었노라고
절규하듯 묵음의 합창을 토하고 있다
혹한에 여문 몸뚱이에서

허옇게 보푸라기 이는 살점 쪽쪽 찢어내어
신새벽 끓여낸 황태해장국으로
간밤의 숙취를 말끔히 씻어내는 아침,
눈부신 햇살 아래서
무엇이 되는 것보다 어떻게 살아야 하는지를
몸소 보여주려는 듯
다시 풍욕 중인 알몸의 성자들

---

* 강원도 인제군 북면 용대리의 별칭.

2010년 8월의 달(月)에 관한 비망록

최근
나사*는 달이 점점 쪼그라들고 있다는 명백한 증거의 흑백사진을 공개했다.

샅샅이 벗겨 훑아보겠다는
그 집요한 관음증이야말로 태초로부터 대물림됐고,
시인묵객이 아니더라도 밤마다 향기로운 술로 목욕시켜
또 얼마나 많은 희롱과 간음을 일삼았던가

억겁을 추행당한 탓일까?
오늘밤엔 유독 너도 늙고 지쳐 보인다

하지만 제아무리 날고뛰는 나사도 모르게
장독대에서 정화수 한 그릇 떠놓고 널 받들어
어머니와 누이들이 눈물로 보낸 보름밤의 전설을,
그 수많은 절창을 누가 알랴

한 버덩 내린 달빛 올올이 짜서 어깨 위에 두르니

남루한 목숨에도 온기가 돈다

제발, 그냥 내비 둬!

(헤이, 나사! 플리즈, 렛 잇 비!)

---

* 나사(NASA): 미 항공우주국.

청량사 불두화

퇴계선생 살아생전 그리도 좋아하셨다던
봉화 청량산
바람도 물도 때 묻지 않아
그 품에서 자란 초목조차 푸르기가 칼끝이라
사시사철 고즈넉한 청량사
독경소리 예나 지금이나 변함없이 낭랑하고
아무도 찾아오는 이 없는 봄날
스쳐가는 바람결에
청량사 청량한 풍경소리 들려오는 듯하여
고개 돌려 바라보니
내가 세상에 있음으로 인연 아닌 것 없고
누구라도 부처 아닌 사람 없으니
희디흰 불두화
그 환한 꽃길을 따라
어둠에서 빛으로 가는 사람
빛에서 빛으로 가는 사람
빛에서 어둠으로 가는 사람
어둠에서 어둠으로 가는 사람*

결국 명암(明暗) 사거리에서 갈라져
영영 돌아오지 않는 사람들을 기다리며
새하얀 신호등처럼
깜빡깜빡 피어나는
청량사 불두화

---

* 고대 불교경전 『잡아함경』에 나오는 부처가 말하는 네 가지 유형의 인간.

마애불과 노파

눈부신 아침 햇살 뿌리며
육중한 석문을 열고 나오시는
석가여래
밤새 장좌불와(長坐不臥)하신 듯
이마에 반짝이는 금빛 이슬방울,
방울들이 조롱조롱 맺혀 있고
사뿐사뿐 걸어가시는 발걸음마다
가없이 피어나는 홍련 백련 꽃송이
연꽃잎처럼 향기롭고 하늘거리는
가사자락에 매달리며
수미산 도솔천으로 가시는 길이면
제발, 자신도 함께 데려가 달라고
합장한 채
길을 막고 떼를 쓰는
늙은 보살

지천명(知天命)

이대로 주저앉거나
되돌아가기에는
너무 멀리 와버렸다

이젠
한 걸음 한 걸음 조심하며
주어진 길을 완주하는 것뿐

다만, 귀는 활짝 열어놓고
될수록 입은 다문 채
손아귀에 꼭 쥐고 있는 것들 미련 없이
훌훌 내려놓으면서

금강에 부는 바람

지금은 폭풍의 밤,
또 어디로 가라고
이리도 사납게 흔드는 것이냐

강변에 봉두난발한 채 엎드려 우는 갈대처럼
아무런 미련 없이 부러진 날개를 얹어
저 무한의 벼랑 끝에서 풍장(風葬)이나 지내고 가련다

어둠의 숲에서 태어나
일그러진 흑암의 씨앗을 뿌리는 광인(狂人)이여,
이제 그만 살벌한 채찍을 내려놓고
네가 불살랐던 모든 불온한 전과에 대하여 깨끗이
자복(自服)하라!

저 멀리 희디흰 자작나무 숲이 보이질 않는가
붉게 삼이 선 눈으로
허연 이빨과 검은 발톱을 드러내고
땅속 깊이 가라앉은 무덤들까지 파헤치는

허기진 짐승처럼

문밖에
네가 떨기고 간 터럭 하나에도 가슴 졸이며
불면의 밤을 보낼 때
꽃들은 저마다 향기를 피우는데
그악히 낙화를 즐기는 너는 또 누구냐

겨울 숲

석양에 물드는 겨울 숲은 거대한 숯가마.
사위는 불씨로 흑탄(黑炭)처럼 타버린 벌거벗은 나무일지라도
찾아오는 새들에게 너그러이 방 한 칸씩을 내어준다

날개에 묻어온
핏빛 노을 한 자락씩을 툭툭 털어내며
한낮에 보았던 무지개를 타고
밤의 층계로 오르는 저녁

길 위에서도 종종 길을 잃고 헤매던 나는
누구에게나 선뜻 내어줄 둥지 하나 남아 있을까
숲에서부터 내 안으로 사납게 칼바람 몰아친다

오롯이 불에 탄 뒤에서야
새로운 빛으로 부활하는 나무들의 강인함이 바로
숯덩이의 불꽃이 푸른 이유이리라

삶은 결국 혹독한 연소를 동반한다는
명징한 진리만이 등불처럼
저 어둔 겨울 숲을 환히 밝혀준다

사뭇 어둠이 두려운
사람의 마을엔 허겁지겁 불이 켜지지만
겨울 숲속엔 이미 달빛 별빛 홍건하여
적요의 평화뿐이다

골목

해거름 무렵
텅 빈 골목길로
방역차 한 대가 지나간다

중생대 백악기의 가스토니아*처럼
가르르르르르……
괴성을 지르며

자욱이 토해내는 백색연막,
알싸하게 스며드는 미지의 공포에
이 골목 저 골목 다녀 봐도
황급히 창문 닫히는 소리뿐

소독차 꽁무니를 쫓아 길길이 날뛰던
그 옛날의 아이들은 다 어디로 갔을까

꼬리 잘린
장지도마뱀 한 마리,

늑골 사이로 서늘히 빠져나간다
적요(寂寥)의 긴 꼬리를 남긴 채

---

* 북미대륙에 서식한 조반류 4족 보행 초식공룡. 전체 몸길이는 약 4m~5m, 체중은 1톤 정도 되었을 것으로 추정.

12월

마지막 잎새처럼
바람벽에서 파르르 떨고 있는
달력 한 장.

둥근 적요를 할퀴는
바람의 날카로운 손톱만이 쑥쑥 자라나
구멍 뚫린 곳마다 후벼 파 혼절시키는
석양 무렵

바람의 울음인가
울음의 노래인가
상념의 긴 머리칼 빗질하는
희디흰 억새풀들 사이로

자신을 아낌없이 불태운 주검들만이
온전히 하얀 연기로 오르는 시간,
하늘은 저마다 올라야 할 사다리가 되고
마침내 빈 들판에 거대한 장막이 내려진다

산도 나무도 한 뼘씩 스스로 몸을 낮추는 건
쉬이 가닿을 수 없는 것들의 아득함만큼
가야 할 길들이 멀다는 걸 알기 때문이다

바람보다 가벼이 바람의 날개에 올라
더 멀리 더 너른 곳으로 날아가야 하는
수많은 씨알들처럼 안절부절못하는 12월.

어디선가 바람에 날려 온
누런 누더기 같은 플라타너스 낙엽 한 잎이
허옇게 까진 구두코를 애무해주고……

촉촉하거나 흥건하거나

— 구스타프 클림트의 〈키스〉에 대하여

아, 당신 때문에
숨이 막혀 죽을 것만 같아요
아마, 이런 나의 황홀경은 신이라도 모를 거예요

나의 교성은 메아리처럼 울려 퍼지고
환희의 눈물은 시냇물을 이루며
굽이굽이 돌고 돌아 유장한 대하(大河)가 되어
당신 또한 촉촉하거나 흥건하게 젖을 테죠

젖은 채로 강물이 되고 바다가 되어
생명의 신비를 키우고 있나니
눈앞에 너른 초원이 보이나요
푸른 하늘 위에 뜬 흰 구름도 보이나요

파도가 주름치마를 접는 수평선 위로
노란 나비 떼가 날고
잔뜩 몸을 웅크리고 있다가
방금 자궁 속을 빠져나오는 태아 같은

그 절정의 희열을

단 한번의 키스로 운명이 바뀌고 세상을 휘어잡아
여자를 요부로
남자를 악마로
바꿀 수도 있다는 걸
어찌 믿지 않을 수 있을까요

낮달

수천수만의 촛불 켜놓고
두 손 모아
오롯이 평화를 기도하지만

그 높은 데서
내
려
다
보
기
에
는
꺼림칙한 게 너무도 많은가 보다

희고 고운 얼굴에
푸른 반점의
그늘이 진 걸 보면

아아, 구절양장 같은 평화!

피울음 섞인 기도소리에 놀라
비켜가던 구름 한 장 찢어
귀를 씻는 낮달

불편한 이웃

배롱나무 속에서 쓰르라미가 운다
배롱나무 꽃은 백일 밤낮을 피고 지는데
자신의 박복한 운명을 탄식하는 듯
목을 놓아 쓰르라미가 운다
겨우 보름 남짓을 살면서
씹 한 번 하고 죽겠다고
피를 토하며 쓰르라미가 운다
그래야 자신이 인내한 시간이 의미가 있고
존재의 이유를 찾을 수 있다고
그 길이 곧 황홀한 죽음의 길인 줄 알면서도
쉼 없이 절규하는 쓰르라미
어쩌면
생(生)은 울다 가는 것이라고 넋두리하며
씨-입 씨-입 씨-입……
하루 종일 각혈하는 쓰르라미 때문에
더욱더 얼굴 붉히며 피어나는
민망한 배롱나무 꽃,
배롱나무 꽃들

제4부

파종

밤사이에
기다렸던 봄비가 지나간 아침,
아버지는 바리바리 싸두었던 종이봉투 속 씨앗들을 꺼내
앞마당에 서둘러 파종을 하신다

비록 몸은 늙고 병들었어도
상추며 쑥갓, 들깨, 파 씨를 한 톨 한 톨 심으면서
지나온 여든 번의 봄보다
지금 이 순간이 더욱 설레시는가 보다

어쩌면
이승에서의 마지막 씨뿌리기일지도 모르면서…

곶감이 된 호랑이

설 선물로 배달된 상자를 열어보니
허옇게 분이 핀 상주곶감 한 접.
그중에 실한 것 한 개를 골라
맛보기로 노친께 제일 먼저 드렸더니
제대로 씹지 못해 입안에서만 오물오물
입가에 허연 분가루만 묻히신다
울던 아이도 뚝 그치게 하는 바람에
문밖의 호랑이를 단박에 도망치게 했다는
동화 속 곶감 얘기는 전설의 바다로 흘러가고
어릴 적
흐린 남폿불 밑에서 어머니가 들려주시던
옛날이야기 속 꼬부랑할아버지처럼
이제 눈앞에는
등 굽은 팔순의 아버지만이 남아 있다
한땐 두 눈에서 시퍼런 불 뚝뚝 떨어트리던
시베리아호랑이 같았으나
무심한 세월의 덫에 걸려 이빨도 발톱도 죄다 잃고
곶감 하나 어쩌지 못해 난감해하는

틀니 낀 호랑이
식탁 위에 남긴 곶감 반 쪽,
흥건히 침에 묻어 붉어진 살점 위에
아련히 피어나는
연노란 감꽃, 감꽃들

와유거사(臥遊居士)를 위한 변명

누워선 천리
앉으면 삼천리니
일어서면 구만리 밖도 한 눈(目)이리라

비록 드러누워 비벽한 삶을 연명하지만
봄바람에 복사꽃 날려 오는
여기가 바로 무릉도원이다

설사
죽은 뒤에 지옥불로 시달린다 해도
살아 있는 지금 이 순간이 천국이다

누워서 생각만으로 천리를 오가니
앉는 순간 삼천리를 내다볼 테고
일어서면 단숨에 구만리도 달려가리라는 결기(決起)를
어느 누가 돌을 던질 텐가

누우면 천리,

앉으면 삼천리 밖으로 단숨에 달려가는

이 마음을

구름을 볼 때마다

구름을 볼 때마다 히스테리가 발동한다

손아귀에서 꽁꽁 뭉쳐 쥐어짜면
금세 물이 줄줄 흐를 듯한
구름은 좌절된 욕망의 대자보

불온벽보를 찢어내듯이
내 안의 탐욕을 북북 찢고 나면
일망무제로 열리는 벽공(碧空),
거기에 긴 빨랫줄을 팽팽히 매어놓고
너덜너덜한 일상을 북어처럼 널어 말린다

청정한 햇살 한 줌에도 쉬이 녹아버리는
여리디여린 심장을 가졌다는 걸
비로소 깨닫는다

행여 사주팔자와 오늘의 운세를 보지만
매사 삼가면 좋아질 거란 덕담과 경고뿐

시간만이 서슬 퍼런 작두 위에서 춤을 춘다

구름을 볼 때마다
모든 욕망에로의 달음박질에 앞서
시종 겸허해야 할 내 삶의 자세를 생각하며
오랜 히스테리를 치유하는 중이다

성탄의 저녁

해 저물녘
예보에도 없던 눈발이 날리고
화들짝 놀란 유리창마다 전등불이 켜지면
삶은 더욱 아득해지고 눈물겨워진다
켜켜이 밀려오는 어둠을 베어버릴 듯이
사선으로 사선으로
서슬 퍼런 칼날을 내리치는 눈발을 바라보며
심연으로 깊게 가라앉는 마음.
저 사나운 눈보라에 몸을 떨며
지금 길 위에서 돌아갈 집이 없어 서성이는 사람들과
어느 처마 밑에서 눈을 털고 있을 사람들과
세상의 모진 덫에 걸려 울부짖고 있을 사람들과
감옥의 창밖으로 희끗희끗 스치는 눈송이를 내다보며
추회(追悔)의 눈물로 기나긴 편지를 쓸 사람들과
폭설에 길을 잃고 헤맬 허기진 산짐승들과
대지의 모든 정령들에게도 안부를 전하며
조금만 더 견뎌보자고 위로를 보내는 동안
여기 따뜻하게 쉴 집이 있는 내가

괜스레 미안함에 불콰해지는
성탄의 저녁.
은빛 세상을 가로질러
굽이굽이
눈물의 강 한 줄기 흘러가고 있다

이웃집 과수댁

오뉴월
밤꽃 향기가 온 동네를 흔드는 바람에
그 여자, 문을 잠근 지
며칠째

밤마다
꽃 멀미에 시퍼렇게 꼬집힌 허벅지
어루만지며
손톱에 할퀸 바람벽도 흐느껴 울고

가눌 길 없는 정념으로
온몸이 숯불처럼 바알갛게 타오르는 밤

홀로 눈물 삼키던 그 여자,
남몰래 밤나무 허리를 찍어내며
밤새도록 숯을 굽고 있다

강촌역

강물의 거친 발굽소리에 놀라
겨울이
어두운 층계를
터벅터벅 걸어 내려갔다

눈보라의 시린 기억이 잊혀진
플랫폼 지붕 위에
햇살을 등에 진 새떼들이
자욱이 내려앉는다

사랑과 추억의 빈자리마다
꽃다발을 한 아름씩 안고 돌아와
푸르른 강물에 한 잎 두 잎
붉은 꽃잎을 띄워 보내는 사람들

기적소리에 놀라고
덜컹거리는 바퀴소리를 따라
하나 둘 또 어디론가 떠나가는 강촌역.

일몰의 공원

한낮의 취기에 젖어 있는
노인들의 어깨 위로 한 잎 두 잎
조심스레 내려앉는 만추의 햇살
한 무리의 노인들은 허공으로 연신 윷을 던져보지만
뜻대로 나오지 않는 걸 일진(日辰) 탓으로 돌리다간
애먼 윷가락을 땅바닥에 내동댕이치며
니미 씨부랄 좆도……
분풀이하듯 수시로 육두문자를 날린다
미지의 비명소리만이 쟁쟁한 황혼의 공원에
시나브로 석양이 내리면서
삶의 고단함은 무게를 더하고
마치 바람구멍 숭숭 뚫린 흰 엿가락처럼
골다공증에 걸린 인생들이 맥없이 툭툭 부러진다
이윽고 찬바람이 불어오고
저마다의 집들을 향해 잰걸음이 시작될 때
으슥한 곳에선 입술에 새빨간 립스틱을 칠한 박카스아줌마가
지나가는 노인들한테 귀엣말로

한번 재미 보는데 단돈 5천원이라고 은밀히 호객을 한
다
땅 위의 모든 날은 좋은 날*이라고 누가 말했던가
내일을 기약하며 떠나가는 사람들을 삼키며
속절없이 저무는 어둠,
둥근 공허

---

* 어니스트 헤밍웨이의 『노인과 바다』 중에서.

폐정미소에서

주황색 페인트칠 드문드문 벗겨진
낡은 양철지붕 아래
금세 허물어질듯
벽체마저 비스듬히 기울어진 폐정미소.

벌겋게 녹슨 쇠사슬과 주먹자물쇠로 굳게 잠긴
문틈 사이로 들여다보이는 컴컴한 내부엔
뽀얗게 세월의 먼지가 켜켜이 쌓인
구식발동기와 장축의 쇠바퀴마다 연결된
무한대 기호 모양의 피댓줄들이
예전의 영화를 추억하게 할 뿐

호시절 앞마당엔 볏가마가 산더미처럼 쌓이고
장터처럼 왁자하던 풍경은 오간 데 없이
바둑판처럼 잘 정리된 무논들과 함께
인근의 천석꾼 얘기도 전설이 된 지금,
가끔 한 무리의 참새들과 바람만이 머물다간다

그 옛날, 도정기 속에서 알곡들이 다투어 껍질을 벗고
현미에서 6분도로 새하얗게 미백을 하는 동안
덤으로 나온 쌀겨까지 챙기느라 하루해가 짧아도
걸쭉한 막걸리 한 사발에 갓 무쳐낸 배추겉절이로
노동의 고달픔과 시장기를 달래던 사람들

지나간 시절이 모두 다 아름다운 건 아니지만
속절없이 허물어지고 사라져가는 것들
쓸쓸한 풍경으로 남아 있는
텅 빈 가을 들녘

맷돌의 내력

이태 전
죽은 고모한테서 가져온
현무암 맷돌 한 짝.

한겨울
볕 한 줌 들지 않는 베란다에서
한 덩어리의 어둠으로
덩그러니 앉아 있다

그 옛날 외조부가 우리 엄마 시집보낼 때
정선 임계 석수장이한테 부탁해서
혼수로 딸려 보냈었다는 살림 밑천이
마침내 종잇장처럼 얇아진 몸뚱이로 돌아와
한 많은 세월을 토해낸다

고모는 살아생전 아내에게 맷돌을 건네주며
이제야 주인집을 찾아간다며 하염없이 눈물을 쏟으셨지만

주인도 불귀의 객이 되신 지 한참이고
어처구니조차 사라진 맷돌 한 짝을 만지작거리며
훌쩍 세상 떠나가신 두 양반을 그리워할 때

하얗게 성에 낀 유리창 틈새로 반짝 드는
손바닥만 한 햇살 한 장 끌어다 덮으며
툭, 던지는 말씀
—나 어제는 너와 같았으나 내일은 너도 나와 같으리라!*

어머니와 고모는 지금도 그곳에서 의좋게
이승의 회한 갈고 또 갈아 고운 채에 걸러내며
매캐한 저녁의 아궁이 앞에 앉아서
쌉싸래한 도토리묵도 한 판 쑤고 있으시려나

---

* 터키 이즈미르 파묵칼레 부근 공동묘지 네크로폴리스에 있는 어느 묘비명.

안방 TV

저녁상 물리자마자 TV 볼륨 높여놓으신 채
오늘밤도 까무룩 잠드신 아버지

사방이 적막강산인데도 안방은 난장처럼
번다한 세상 소식으로 시끌벅적하여
그 때문에 당신의 난청이 갈수록 심해지는 거라고
아무리 지청구해도 듣는 둥 마는 둥

뉴스를 보시는 동안
저런, 저런, 이라고 혼잣말 하시며
수시로 혀를 끌끌 차시기도 하지만
금세 결딴날 것 같으면서도
여전히 굴러가는 세상임을 몸으로 아시기에
이내 깊은 잠에 곯아떨어지시는 건지도 모른다

그렇게 또 자정이 지나고
애국가가 나오고
캄캄해진 브라운관에서 별처럼 반짝거리는 화소(畵素)

들이

지지지직 지지지직 지지지직
밤새 빗소리로 울며 홍수를 내도
영영 꺼질 줄 모르는 아버지의 19인치 아날로그 TV.

화면에 빨 · 녹 · 파의 컬러바가 떠 있는 새벽 3시
어김없이 깨어나 TV를 틀어놓으신 채
커피믹스 한 봉지로 모닝커피 한 잔 하시고
줄담배에 의지하여
쉬이 오지 않는 아침을 기다리신다

폐가 앞에서

1

대청호 근처
소전리*에서 만난 폐가 한 채,
노구의 아버지처럼 금세라도 허물어질 듯
위태위태하게 버티고 서 있다
척추측만증을 앓고 있는 기둥들에
구멍 숭숭 뚫린 바람벽처럼
오뉴월에도 삭풍이 몰아치는 삭신을 이끌고
저녁노을 속으로 걸어가는 당신
적요의 그늘 점점 깊어지는 시간의 잎들 사이로
속절없는 퇴행을 절감하며
순명이란 강박에 시달리며
허공으로, 허공으로 길게 뽑어 올리는 담배연기만이
삶의 명징한 딜레마를 증언할 뿐
부활은 이미 오래전에 버린 꿈.
오늘은 불쑥
어느 스님처럼 소신공양하고 싶다, 하신다
남은 것만이라도 온전히 태워서

지상의 거름 한 삽이라도 될 수 있다면

2

한때는 꿈의 궁전이었을
텅 빈 마당에
떠나간 가솔들이 그리워 울가망 피어난
접시꽃 한 송이
진종일 먼 강물 바라보다
어둑해진 저녁
홀로 돌아서서 울어본 사람은 안다
누군가 자신을 찾아와준다는 것이
이름을 불러준다는 것이
얼마나 고맙고 또 고마운 일인지를
그리하여
세상의 모든 빈집은 기다림으로 병들고
시나브로 허물어져 간다

---

* 충북 청원군 문의면 소재 작은 마을.

간다, 봄날은

대지의 자궁을 막 빠져나와
혈흔을 갓 지운 어린 새싹마다에
햇살은 어깨를 토닥이며 몇 번씩 당부를 한다
—부디, 잘 살아라!

산 넘고 물 건너
겨울이 떠난 자리, 바람 자리
검게 불탄 기억들을 훌훌 털고
새파랗게 타오르는 나무들의 행렬 사이로
자욱이 새떼가 날아오른다

그러한 시간
아직도 눈물자국 가시지 않은
이별의 플랫폼에서 안개꽃 한 아름 안고
또 다른 사랑을 기다리는 사람아

그대가 꿈꾸는 운명 같은 사랑은
스스로의 운명을 인식하지 못할 때

아니 자신에게서 한 발짝 떨어져 있을 때
별안간 찾아오는 것

더 이상 망설이지 말라!
이제 곧
운명의 기차는 그대 곁을 스쳐갈 것이니
어서 그 기차에 올라타라

저녁바람 1

다시 사랑하고 싶다면
저녁 호숫가로 나가보라
한나절
호수에 더운 몸을 담갔던 산들이
물기 젖은 몸을 닦으며
켜켜이 생각을 거둬들이는 무렵
푸르른 저녁바람에
한 겹 어두워진 수면 위로 어른거리는
불빛 점점(點點)이 추억의 음계처럼 찍히고
흘러간 노래들의 파문이 번져간다
그 순간
물은 왜 바람에 흔들리는지를
바람은 왜 물을 흔드는지 알 수 있으리
흔든다고 흔들릴 물이
부른다고 달려올 바람도 아니지만
사랑은 그렇게 한순간에 시작됐고
바람처럼 그대 곁을 스쳐갔으니
태초의 그날처럼 물과 바람이 살을 섞고

마침내 서로의 따스함을 품은 채
스멀스멀 승천하는 물안개를 보라
호수의 옅은 신음소리를 덮으며
나지막이 저녁종소리 울려 퍼질 때
다시 사랑을 꿈꾼다면
저녁 호숫가로 나가보라

저녁바람 23

파닥이는 저녁의 새들로
나무들은 소란하다
어둠은 모두에게 휴식을 주지만
저녁밥상이 늘 행복하지는 않다
부리에 물고오거나
혹은 발톱에 찍혀온
검불 같거나 돌멩이 같은 하루의 기억들
가끔 쇳소리 같은 것들이
굳게 닫힌 창문 틈으로 새어나오고
둥지마다 켜켜이 쌓이는 허무가
땅 밑으로 살비듬처럼
떨어진다, 반짝거리며
비로소 누리는 이 작은 평화조차
회개하라고
붉은 십자가들이 옥상마다 불을 켠다
자신이 지은 죄가 뭔지도
무슨 죄를 지은지도 모르는
사람들을 향해

경광등처럼 시뻘건 불빛을 깜빡이며
저만치에서 달려오고 있다

해설

몸을 이끌고 가는 마음의 길

— 황원교 시집 『오래된 신발』에 부쳐

최준 시인

아아, 얼마나 많은 땀과 눈물을 졸여야
내 가난한 사랑의 노래는
저 너른 바다 위에 반듯한 집 한 채 지을 수 있을까
—「염부(鹽夫)의 노래」 중에서

저는 한 사람을 알고 있습니다. 까까머리 검정 교복의 고교 시절에 그 사람을 처음 만났는데, 지금은 제 나이 어느덧 지천명에 이르렀으니 적잖이 오래된 만남이라 해도 지나치지 않겠습니다. 학교 정문 경비실 옆의 수목원에서 열렸던 개교기념일 시화전을 방문한 그를 만났을 때, 대학교 학군단 단복을 입고 나타난 그의 첫인상은 아주 정갈하고 단정한 모습이었습니다. 감색 단복에 베레모를 쓴, 아주 멋지고 당당한, 문예반 선배로서 후배들의 시화전에 모습을 드러냈던 그의 첫 모습을 삼십여 년이 지난 지금까지도 또렷하게 기억합니다. 악수를 청하는 그의 눈길 앞에서 괜히 주눅이 잔뜩 들어 쭈뼛거렸던, 그저 이름으로만 종종 들었던 전설 속 문예반 선배의 위용에, 고개를 푹 숙이고 마치 제 것이 아닌 듯 못난 손만 삐죽이 내밀었던 기억 속의 저는 얼치기 철부지 문학 소년이었습니다.

황원교.

제가 아는 그 선배의 이름입니다. 언제부터인가 세상은 그의 이름 아래에다 시인이라는 호칭을 붙여주었습니다. 그가 시인이 된 것인지 세상이 그를 시인이 되게 한 것인지 그건 잘 모르겠습니다. 아무튼 그건 그다지 중요하지 않습니다. 그는 깨어 있는 시간이면 시를 생각하고 시를 쓰고 있는 사람입니다. 그러니까 시인입니다.

주변의 누구나가 그를 그렇게 부릅니다. 고교 선배인 황원교 시인을 알고 지낸 세월에 비해 그를 자주 만나지는 못했습니다. 서로의 삶이 다른 극점에서 움직이고 있었던 탓이었습니다. 그는 삶의 어느 순간에 세상으로부터 손발을 거두어들였지만 마음은 세계 속으로 더욱 깊게 스며들어 진정으로 사람을 사랑하고 자연을 온 마음으로 껴안고 살아오고 있습니다. 저는 그와는 반대였습니다. 손발은 세상 안에서 끊임없이 꼼지락거리고 있었지만 마음은 세상과 내내 동떨어져 있었기 때문입니다.

한 사람이 쓴 시가 수증기를 피워 올리며 펄펄 끓는 물처럼 뜨거울 때가 있고, 영하 십 몇 도의 겨울에 파랗게 얼음 언 강물처럼 서늘할 때가 있습니다. 이게 다 마음의 온도일 것인데, 시인은 자신이 쓰는 시에서 어떻게 이 마음의 온도를 조절하고 다스려 가는지요? 저는 아직도 그걸 잘 모르겠습니다. 황원교 시인의 신작시집 『오래된 신발』을 이루고 있는 시들을 읽는 내내 그런 생각이 머릿속을 떠나지 않았습니다. 시인과 시를 하나의 다발로 묶어내기가 불가능할뿐더러, 시를 쓴 시인으로부터 자유로울 수 없는 입장이라면 더욱 그러하지 않겠습니까?

24년째
흙 한 톨 묻혀보지 못한 채
색깔은 바랬어도 길이 잘 들고
거죽과 밑창이 말짱한 갈색 편상화를 신고
오늘도 휠체어를 타고 길을 나선다
발에 신겨 있다고 다 신발인가
제 발로 길을 걸어가야
제대로 된 신발 노릇을 하는 게지
죽기 전에 한번쯤은
뒤축으로 땅바닥을 질질 끌거나 못도 쾅쾅 박으며
지치도록 걷고 싶은 나의 신발,
마비된 사지(四肢)를 싣고

흰 구름처럼 둥둥
땅 위를 떠다니는 꿈이여!

—「오래된 신발」 부분

시인이 한 편의 시에다 자신을 온전히 부려놓는 게 가능한 노릇이 아니라고 여기며 사는 저는 위의 시 「오래된 신발」을 읽으며 참 많이 아팠습니다. 시의 행간마다 베레모에 학군단 단복을 입고 나타났던 선배의 당당한 모습이 자꾸만 오버랩 되었습니다. 그때의 그는 로마의 철갑기병처럼 당당하고, 자부심과 자신감 강한 사람이었습니다. 스물네 해째 땅을 디뎌본 적이 없는 "갈색 편상화를 신고" "휠체어를 타고 길을 나"서는 그를 상상조차 할 수 없는 노릇이었습니다. "죽기 전에 한번쯤은/뒤축으로 땅바닥을 질질 끌거나 못도 쾅쾅 박으며/지치도록 걷고 싶은" 도보가 절실한 삶의 소망을 가져서는 안 되는 사람이었습니다. 하지만 그는 "마비된 사지(四肢)를 신고/흰 구름처럼 둥둥/땅 위를 떠다니는 꿈"을 꾸며 살고 있습니다. 휠체어를 버리고 일어서서 신발을 신고 땅을 디디고 걸어가고자 하는 그의 꿈은 저에게는 눈물입니다. 아니, 어쩌면 그 자신보다도 오히려 더 간절한 저의 바람입니다. "우리 사이에 놓인 지상의 거리란/단지 마음의 강물이 흘러가는 길일 뿐"(「아마도」)이라는 전언도 그래서 더욱 뼈아픕니다.

하지만 몸의 불편을 딛고 정신으로 더욱 굳건히 땅을 디디고 서 있는 그가 그래서 히말라야의 설산처럼 고독하지만 변함없이 우뚝해 보이는 건지도 모르겠습니다. "찬찬히 둘러보니/맨 몸뚱어리가 자신의 전부인 사람이/나뿐만이 아니"(「나목(裸木) 2」)라는 깨달음에 그는 그렇게 이를 수 있었을 겁니다. 불편한 몸으로 자신을 성찰하면서 삶과 세상에 대한 따스한 시선과 감사의 마음을 지니게 되었는지 모르겠습니다.

갈수록 시력이 떨어지는 바람에
안경을 새로 바꿨더니
일순간에 어스름이 걷히고
꽃들이 제 빛깔을 내며 내게로 걸어온다

이상하다, 점점 심각해지는 노안인데
안경 하나로
어둠 속의 것들이 되레 또렷이 보이기 시작하다니
이제야 개안(開眼)이 되는 것일까

창밖은 이미 캄캄한데
갑자기 먼지 낀 책상 위가 환해지며
꼭꼭 닫혀 있던 책들의 문이 열리고

경전 속 활자들이 횃불처럼 빛나는 시간,
나이 든다는 게 허무한 일만은 아닌가 보다

언뜻 한 점의 먼지가 된 내가 보이고
별들이 서로에 대한 그리움으로 반짝이는 밤,
캄캄한 허공을 뚫고 나온 흰 팔 하나
지나가는 구름을 부지런히 걷어내고 있다

—「참다운 시력」 전문

세상이 새롭게 다시 보입니다. 시인이 이야기한 대로 이른바 "개안(開眼)"입니다. 육체의 눈이 아닌 마음의 눈입니다. "나이 든다는 게 허무한 일만은 아닌가 보다"라는 깨달음은 마음의 눈을 떴을 때에야 비로소 얻을 수 있는 고뇌의 부산물일 터입니다. 아무려나 "한 점의 먼지가 된 내가 보이"는 그 마이크로미터의 시선은 대체 어떤 경지일까요? "책상 위가 환해지며/꼭꼭 닫혀 있던 책들의 문이 열리고/경전 속 활자들이 횃불처럼 빛나는 시간"을 어떻게 해야 경험할 수 있을까요? 자신의 삶 속으로, 의식 속으로 투영해 들어오는 빛줄기를 발견할 수 있는 눈을 지니고 살아가는 이들이 얼마나 될까요? 우리 살아가는 지상의 모든 벽을 허물고, 그 벽이 드리우는 그림자(구름)을 걷어내는 일이 가능할까요? 투명유리의 마음을 가진다는 게, 한 떨기 풀꽃과 이슬과 나뭇잎의 떨림을 감지해내며 생명의 결 고운 숨결을 느낀다는 게 어디 쉬운 노릇이겠는가요?

삶엔 휴가란 없고
끝끝내 쉼 없이 가야만 하는 길

피안(彼岸)은
죽음 너머에서 오롯이 기다리고 있을 뿐이다

—「아야진(我也津)에 가서」 부분

더 이상 망설이지 말라!
이제 곧
운명의 기차는 그대 곁을 스쳐갈 것이니
어서 그 기차에 올라타라

—「간다, 봄날은」 부분

시인의 이야기대로 우리 삶은 "휴가란 없고" "쉼 없이 가야만 하는 길"일지도 모르겠습니다. 영속성 위에 놓여 있기에 쉼마저도 삶의 부분인 것입니다. 잠도 그렇고 무위(無爲)도 삶입니다. 쉼 쉬는 생명들은 모두가 다 멈춤 없는 시간을 살아가는 겁니다. 숙명인 탄생과 죽음 사이에서 끝 모를 운명을 살고 있는 겁니다. 이승을 관통하는 자신의 운명이 어디까지 이어져 있는 것인지도 알지 못한 채 다만 그렇게 살아가고 있는 겁니다. "피안(彼岸)은/죽음 너머에서 오롯이 기다리고 있을 뿐"이라는 시인의 전언에서 저는 역설적이고 역동적인 삶에의 의지를 읽어냅니다. "망설이지 말"고 "그대 곁을 스쳐갈" "운명의 기차에" 올라타라고 말하는 시인의 마음을 어렵지 않게 읽어낼 수 있습니다.

그렇지만 저마다 나름 지니고 사는 삶에의 의지는 어쩌면 자신만의 혹독한 결심에서 태어나는 것이 아닐 수도 있습니다. 그 의지는 혼자가 아니라는 자각으로부터 비롯되는 것일지도 모르겠습니다. 세상을 단독자로 혼자 살아간다면 구태여 의지가 필요하지 않을 테니까요. 내가 살아가야 하는 이유는 나를 나로 존재하게 하는 무수한 외부가 있기 때문일 겁니다. 외부의 도움이 없이는 나도 존재하지 못할 테니까요. 그러니까 삶의 의지는 결국은 자신의 외부에 대한 감사와 보은의 마음에서 태어나는 것일지도 모릅니다.

> 나는 아내처럼 살가운 손길로 부드럽게
> 그 누구의 콧물 한번 닦아준 적 없었고
> 제 것 끝까지 다 풀어 죽도록 사랑한 적도 없었으니……

기실 한 롤의 두루마리보다도 못한
내 부끄러운 삶,

—「두루마리 화장지」 부분

어릴 적
흐린 남폿불 밑에서 어머니가 들려주시던
옛날이야기 속 꼬부랑할아버지처럼
이제 눈앞에는
등 굽은 팔순의 아버지만이 남아 있다

—「곶감이 된 호랑이」 부분

시인은 오랜 시간 동안 자신의 손발을 대신해주는 '아내'와 '아버지'에 대한 고마움의 마음에다 미안함을 섞어 놓습니다. 그의 일상의 팔레트는 여러 가지 빛깔로 무늬져 있습니다. 이 미안함의 마음 빛깔은 타자를 도와주지 못하고 도움만 받고 있는 "내 부끄러운 삶"에 대한 성찰로 이어집니다. "이제 눈앞에는/등 굽은 팔순의 아버지만이 남아 있"는 현실을 자각하면서 절실함의 깊이를 더합니다. 두 번의 암 수술과 모진 투병을 했으면서도 자신을 위해 헌신하는 아내를 바라보며 "나는 아내처럼 살가운 손길로 부드럽게/그 누구의 콧물 한번 닦아준 적 없었고/제 것 끝까지 다 풀어 죽도록 사랑한 적도 없었"다고 아프게 고백합니다. 이때, 시인이 바라보는 대상은 아버지나 아내가 아닌 아버지의 자식이며 아내의 남편입니다. 자기 자신입니다. 그렇지만 시인은 이러한 현실적인 아픔들에 자신의 삶을 방치하거나 처지에 절망하지 않습니다. 그의 눈이 외부를 향할 때, 그는 자신이 바라본 사물들에서 깨달음의 방식으로 삶의 내밀한 진실을 발견합니다. 그 진실은 바로 희망입니다.

> 산도 나무도 한 뼘씩 스스로 몸을 낮추는 건
> 쉬이 가닿을 수 없는 것들의 아득함만큼
> 가야 할 길들이 멀다는 걸 알기 때문이다
>
> 바람보다 가벼이 바람의 날개에 올라
> 더 멀리 더 너른 곳으로 날아가야 하는
> 수많은 씨알들처럼 안절부절못하는 12월
>
> 어디선가 바람에 날려 온
> 누런 누더기 같은 플라타너스 낙엽 한 잎이
> 허옇게 까진 구두코를 애무해주고……
>
> —「12월」 부분

시인은 한 해의 끝에서 "한 뼘씩 스스로 몸을 낮추는"

산과 나무를 바라보며 "가야 할 길들이 멀다는 걸 알기 때문"이라고 말합니다. 그 길은 "더 멀리 더 너른 곳으로 날아가야 하는/수많은 씨알들"과 같은 운명을 지니고 있습니다. 절망이 아닌 희망으로 휘어진 생의 본질입니다. "누런 누더기 같은 플라타너스 낙엽 한 장이/허옇게 까진 구두코를 애무해주"는 12월은 한 해의 지난하고 긴 여정에 대한 위로와 새로운 한 해에 대한 격려로 이어집니다. 무겁지 말고 가볍게 가자고 시인은 말합니다. "다만/귀는 활짝 열어놓고/될수록 입은 다문 채/손아귀에 꼭 쥐고 있는 것들 미련 없이/훌훌 내려놓으면서"(「지천명(知天命)」) 앞의 시간들을 가벼워지자고 다짐합니다. 말을 줄이고, 외부를 경청하면서 자신의 생이 강물처럼 소리 없이 흐르기를 소망합니다. 포기가 아닌, 존재의 본질과 섭리의 심연에 가닿으려는 조용한 의지입니다.

누워선 천리
앉으면 삼천리니
일어서면 구만리 밖도 한 눈(目)이리라

비록 드러누워 비벽한 삶을 연명하지만
봄바람에 복사꽃 날려 오는
여기가 바로 무릉도원이다

설사
죽은 뒤에 지옥불로 시달린다 해도
살아 있는 지금 이 순간이 천국이다

누워서 생각만으로 천리를 오가니
앉는 순간 삼천리를 내다볼 테고
일어서면 단숨에 구만리도 달려가리라는 결기(決起)를
어느 누가 돌을 던질 텐가

누우면 천리,
앉으면 삼천리 밖으로 단숨에 달려가는
이 마음을

—「와유거사(臥遊居士)를 위한 변명」 전문

시인은 이런 마음으로 삶을 살아가고 있습니다. 세상과 소통하려는 욕망이 지나쳐 세간의 오해를 부르지도 않고, 생의 한복판에서 권세와 다스림의 즐거움을 누릴 생각도 없습니다. 호연지기는 자신의 밖으로 내다 부릴 것이 아니라 스스로에게 하는 다짐이 아닐까 하는 깨달음에 다다른 시인에게 무슨 덧말이 필요할까요?

저는 생생히 기억하고 있습니다. 연락하지 않았는데도 어떻게 닿았던 것인지, 선배의 아버님께서 직접 휠체어를 밀고 오셔서 제 선친을 조문하게 하셨던 날의 그 모습이 아직도 눈에 선합니다.

선배가 아직 살아 있어서 제가 선배에 대한 이렇게 부끄러운 글을 쓰게 합니다. 송구합니다. 스스로를 '와유거사'라 부르는 이 선배 시인의 삶 앞에서 어떤 시의 꽃이 피어 세상에 짙고 감동적인 향기를 퍼뜨리게 될지, 참으로 모자란 후배의 설렘 하나를 뭇 사람들의 기대에 슬며시 덧얹어 놓습니다.

이것뿐입니다. 용서하세요. 선배님을 사랑하고 존경합니다. 부정성으로 삶을 점철하고 있는 저는 아직도 참 많이 모자랍니다. 굳건한 그 디딤발로 오오래 가르침 많이 주세요. 시로서, 시가 디뎌 가는 길의 마음으로.

문학의전당 시인선 155

오래된 신발

ⓒ 황원교

1판 1쇄 발행 2013년 4월 29일
1판 3쇄 발행 2014년 3월 20일

지은이 황원교
펴낸이 김석봉
책임편집 이현호
디자인 조동욱
펴낸곳 문학의전당
출판등록 제311-2012-000043호
주소 서울시 은평구 연서로11길 7-5 401호
편집실 서울시 마포구 마포대로 127, 413호(공덕동, 풍림VIP빌딩)
전화 02-852-1977
팩스 02-852-1978
블로그 http://blog.naver.com/mhjd2003
전자우편 sbpoem@naver.com

ISBN 978-89-98096-29-8 03810

* 이 시집은 한국문화예술위원회 장애 예술가 창작활동지원금을 받아 제작되었습니다.